Susanne Niemöhlmann

Unsere 60er Jahre
im
Rhein-Kreis Neuss

Wartberg Verlag

Fotonachweis:
Die Fotos entstammen dem Leseraufruf der Neuß-Grevenbroicher Zeitung.

1. Auflage 2004

Druck: Thiele & Schwarz, Kassel
Buchbinderische Verarbeitung: Büge, Celle

34281 Gudensberg-Gleichen, Im Wiesental 1
Telefon (0 56 03) 9 30 50 • www.wartberg-verlag.de
ISBN 3-8313-1038-6

VORWORT

Durch die Zeit reisen – ein alter Menschheitstraum. Die Vorstellung, mittels einer Zeitmaschine mal dieses Jahrhundert, mal jene Epoche besuchen zu können, wird wohl Illusion bleiben. Und doch: Ein Ausflug in die Vergangenheit ist eigentlich jederzeit möglich. Transportmittel bei dieser „Zeitreise im Kopf" sind die eigenen Erinnerungen oder die Berichte anderer. Und – zumindest was die vergangenen hundert Jahre betrifft – Fotos. Beim Betrachten alter Aufnahmen taucht so manches vergessen Geglaubte wieder auf, wird das eine oder andere verblasste Gesicht wieder lebendig, kommen fröhliche und wehmütige Begebenheiten ans Licht.

In diesem Bildband wollen wir uns auf eine Zeitreise durch die 60er Jahre begeben. Zehn Jahre im Leben eines Menschen, in der Entwicklung einer Region, in der Geschichte eines Landes sind ein sehr willkürlich gewählter Abschnitt. Denn wer das Geschehen in der Zeit zwischen 1960 und 1969 näher betrachtet, erkennt schnell, dass diese Dekade keinesfalls eine homogene Einheit darstellt. Wer die Sechziger selbst erlebt hat, wird eine ganz eigene, sehr persönliche Erinnerung an diese Jahre besitzen. Ob später Geborene dieses Jahrzehnt wiederum eher als nostalgisches Schwarz-Weiß-Idyll oder Aufbruch in eine neue Zeit verstehen, ist selbstredend ebenso von ihrer Perspektive abhängig. „Die" 60er Jahre gibt es nicht. Doch wenn auch ganz unterschiedliche Einflüsse und Strömungen ihre Spuren in diesem Zeitabschnitt hinterlassen haben, ist doch eine allgemeine Tendenz festzustellen: eine grundsätzliche Öffnung und Liberalisierung der Gesellschaft. Die Kolonialmächte entlassen die afrikanischen Staaten zunehmend in die Unabhängigkeit, der Mensch macht sich auf zur Eroberung des Weltalls, die Anti-Baby-Pille löst die Aufklärungs- und schließlich die Sexwelle aus, in den USA geht die Zeit der Rassentrennung zu Ende, das Zweite Vatikanische Konzil spricht sich für die Verwendung der jeweiligen Landessprache im katholischen Gottesdienst aus.
Prägt der autoritäre Politikstil Konrad Adenauers noch den Anfang des Jahrzehnts, so geht es mit Willy Brandts Aufruf „Wir wollen mehr Demokratie wagen!" zu Ende. Dazwischen liegen freilich der Bau der Berliner Mauer 1961 und die Studentenunruhen des Jahres 1968. Überhaupt revoltiert die erste in Friedenszeiten aufgewachsene Generation zunehmend gegen die Älteren, deren Verhalten während des NS-Regimes kritisch überprüft wird. Die Jugend stellt auf der Suche nach ihrem Platz in der Gesellschaft traditionelle Werte in Frage, bemüht sich um eine eigene Identität und entwickelt eine Gegenkultur, die sich in provozierender Mode und neuen Musikstilen ausdrückt.

Wie haben nun Menschen im heutigen Rhein-Kreis Neuss dieses spannende Jahrzehnt erlebt? Welchen Einfluss hatten die großen Ereignisse auf den Alltag und das Lebensgefühl eines Teenagers oder einer Familie? Was prägte das Dasein zwischen Arbeit und Freizeit in den 60er Jahren? In einer gemeinsamen Aktion riefen die Neuß-Grevenbroicher Zeitung und der Wartberg Verlag die NGZ-Leser im Frühjahr 2004 dazu auf, in Alben und Kartons nach Fotos aus der Zeit zwischen 1960 und 1969 zu stöbern und ihre Aufnahmen für einen Bildband zur Verfügung zu stellen. Wie schon bei der Dokumentation über die 50er Jahre gingen in der Redaktion mehrere hundert Bilder ein, aus denen es jene auszusuchen galt, die nun im vorliegenden Buch zu sehen sind. Wert, abgedruckt zu werden, wären wahrscheinlich alle eingereichten Fotos gewesen. Wichtiges Kriterium bei der Zusammenstellung war darum eine möglichst breite thematische, geographische und zeitliche Streuung der Motive. Jede dieser ganz unterschiedlichen Momentaufnahmen ist wie ein Puzzleteil, das zu einem Gesamtbild beiträgt. Es ist ein Bild der 60er Jahre entstanden, das vielleicht nicht mit den Vorstellungen oder Erinnerungen jedes einzelnen Betrachters übereinstimmen wird, das zwangsläufig lückenhaft sein muss und den Anspruch auf Vollständigkeit auch gar nicht erhebt. Aber jedes Foto für sich zeigt einen Ausschnitt der Wirklichkeit der 60er Jahre, ist authentisch – eben weil es ohne die Absicht, eine bestimmte Aussage zu transportieren, entstanden ist.
Immer wieder war von Lesern zu hören, sie hätten beim Durchsehen des Bandes „Unsere 50er Jahre im Kreis Neuss" das Gefühl gehabt, im eigenen Familienalbum zu blättern. Offenbar gibt es also doch Knotenpunkte der kollektiven Erinnerung: das erste Fahrrad, die Milchbar als beliebter Jugendtreff, das Schützenfest-Brauchtum, der Camping-Urlaub in Italien, die ungezwungene Familienfeier, beliebte Fernsehserien und ihre Helden.

Ludwig Spicker (hinten) und sein Bruder Karl Heinz im Messerschmitt Kabinenroller 1961.

An dieser Stelle sei ganz herzlich jenen NGZ-Lesern Dank gesagt, die bereitwillig ihre Alben geöffnet haben – und damit einen Teil ihrer persönlichen Lebensgeschichte preisgaben. Sie haben sich die Zeit genommen, in ihren Erinnerungen zu suchen, um damit etwas zur lebendigen Rekonstruktion der 60er Jahre im Rhein-Kreis Neuss beizutragen. Ohne jeden Einzelnen von ihnen würde dieser Bildband zumindest ein Stück weit anders aussehen. So gibt er einen Eindruck von dem wieder, was die 60er Jahre im Rhein-Kreis Neuss ausmacht – in der großen Geschichte die kleinen, wahren Geschichten.

Wenn Sie sich auf den folgenden Seiten wieder entdecken, sei es persönlich oder in den Gesichtern fremder Menschen, die Ähnliches erlebt haben, wäre das ein wunderschönes Kompliment an dieses Buch. Steigen Sie ein und kommen Sie mit auf die Zeitreise durch „Unsere 60er Jahre im Rhein-Kreis Neuss".

Susanne Niemöhlmann

STADTBILD IM WANDEL

Trümmer und Schuttberge sind weggeräumt, die Folgen der Bombenangriffe während des Zweiten Weltkrieges größtenteils beseitigt. Doch die Lücken innerhalb der städtischen Bebauung sind längst noch nicht alle wieder geschlossen. Stadtplaner tun sich mit kühnen Entwürfen hervor. Ihren Visionen vom modernen Leben in der Stadt des 20. Jahrhunderts muss alte Bausubstanz weichen – darunter auch manch Erhaltenswertes. Wie beispielsweise bei der Sanierung des Kirchdorfes Büttgen. Das ehrgeizige Projekt galt in den 60er Jahren als gelungenes Modell für die ganze Bundesrepublik. Nur zwei Jahrzehnte später wurde dies allerdings schon ganz anders beurteilt. Zu Beginn der 60er Jahre ist Wohnraum immer noch knapp, zumal die Städte und Gemeinden im Gebiet des heutigen Rhein-Kreises Neuss einen starken Zuzug verzeichnen. Mit der Geburt des 100 000. Bürgers wird Neuss im Januar 1963 Großstadt. Die Einwohnerzahl der damaligen Gemeinde Kaarst verdoppelt sich zwischen 1961 und 1968. Parallel dazu setzt dort 1961 im Zusammenhang mit dem Autobahnbau die Flurbereinigung ein – zwei Umstände, die das Gesicht der Außenbezirke nicht nur hier grundlegend verändern. Die damals noch kreisfreie Stadt Neuss erhält eine neue Stadthalle, Schwimmbäder und Kirchen, ein weiteres Krankenhaus sowie auf dem Gelände des einstigen Legionslagers Novaesium eine Pädagogische Hochschule.

◀ Blick vom Westturm des Quirinusmünsters auf das Markttreiben auf dem Münsterplatz im August 1961: In der Mitte rechts ist das Vogthaus zu erkennen, eines der ältesten Gebäude der Stadt Neuss, dessen Schützenglockenspiel heute zu den Touristenattraktionen zählt. Die Innenhöfe am oberen Bildrand sind längst einer Einkaufspassage gewichen, das Häuserensemble an der Vogteigasse hingegen steht nahezu unverändert noch so. Die Baulücke am oberen Bildrand war kurz zuvor entstanden, als das ehemalige Geschäftsgebäude der Firma Josten am Büchel zugunsten eines Neubaus abgerissen worden war. Das Zeitzeugnis stammt aus dem Fundus von Hans Willi Nohles, der als Mitglied der katholischen Pfarrjugend des Öfteren Gelegenheit hatte, auf den Münsterturm zu steigen.

▲ Die Scheibenschützen unter Major Königshoven, zugleich Hafendirektor in Neuss, marschieren Anfang der 60er Jahre auf den schützenfestlich geschmückten Neusser Markt. Gut zu erkennen (von rechts): das Geschäftshaus Elbern-Ostermann, die Gaststätte „Em Treppche", die Sattlerei Kammerich, daneben eine Metzgerei, dann „Moses am Markt", das an der Stelle des früheren „Fortitudo" nach dem Zweiten Weltkrieg als erster Neubau am Markt errichtet worden war, schließlich das Geburtshaus des späteren Kölner Erzbischofs und legendären Kardinals Josef Frings, das an den beiden Türmchen zu erkennen ist. Der damals noch befahrene Neusser Markt ist erst seit kurzem autofrei.

◀ Das Neusser Wahrzeichen Sankt Quirin von der alten Rheinstraße aus gesehen. Während sich der Blick in die Quirinusstraße seit 1960 nur geringfügig verändert hat, wurde die Häuserzeile rechts im Bild bis auf das „Haus Jordans" für den Neubau des Zentrums Meererhof abgerissen. Daneben befand sich die bekannte Gaststätte „Schiffchen". Auch dieses Foto stellte, wie auch die Aufnahme oben, Hans Willi Nohles zur Verfügung. Er hatte zum Weihnachtsfest 1959 von seinen Eltern eine Kamera vom Typ Agfa Silette geschenkt bekommen, mit der ihm das Fotografieren sehr viel Freude bereitete.

▲ Dicht gedrängt, wie sonst allenfalls bei der Sonntagsparade der Schützen, stehen die Menschen auf dem Neusser Markt, um einen Blick auf den Bischof von Hiroshima zu werfen. Der kirchliche Würdenträger besuchte die Quirinusstadt 1961. Im Hintergrund ist das 1954 fertig gestellte Rathaus zu erkennen, links daneben das bereits etwas zurückgebaute Kaufhaus Rud. van Endert. Links im Bild der Neubau der Samenhandlung Moses am Markt. Die Aufnahme hat Ludwig Spicker aus Neuss eingesandt.

◀ Winterliche Stimmung am Hafenbecken 1, eingefangen von Walter Busch. Nach Kriegsende war der Ausbau des Neusser Hafens vorangetrieben worden.

▲ Bonjour Tristesse: Wenig attraktiv präsentiert sich Anfang der 60er Jahre – im Gegensatz zu der jungen Resi Wieser-Schäfer im Vordergrund – die Zufuhrstraße in Neuss. Zwischen der Mauer der Schraubenfabrik Bauer & Schaurte links im Bild und der im Hintergrund zu erkennenden Ölmühle verlief ein Fußpfad zum Weißenberger Weg. Geradeaus blickt der Betrachter auf Teile des Güterbahnhofs. Bis heute gehört diese Ecke nicht eben zu den schönsten Ansichten der Quirinusstadt.

◀ Verwunschener Wasserlauf mitten in der Stadt: der Erftkanal vor der Hessentorbrücke im Frühjahr 1962, vom selben Standort aufgenommen wie das Foto oben, nur diesmal in entgegengesetzter Richtung. Kurze Zeit später wurde der Kanal überbaut.

◀ Das Erzbischöfliche Konvikt an der Breite Straße in Neuss, aufgenommen von Ludwig Spicker. Das 1895 errichtete Gebäude, welches das Stadtbild viele Jahrzehnte lang prägte, wurde 1974 abgerissen, um Platz für den Neubau des Quirinus-Gymnasiums zu schaffen. Bereits 1959 hatte der Priesternachwuchs aus Platzmangel ins umgebaute Notburgahaus an der Preußenstraße umziehen müssen. Im Altbau an der Breite Straße fand daraufhin die neu gegründete Pädagogische Hochschule eine vorübergehende Bleibe.

▶ Ein einsames Auto überquert die Kreuzung am Neusser Bahnhof Richtung Neusserfurth, ansonsten gehört die Straße den Fußgängern. Heute, mehr als 40 Jahre nach diesem Schnappschuss, staut sich hier der Verkehr nicht nur zu den Stoßzeiten. Heinz-Robert Schäfer, in Trenchcoat und mit Schlägermütze, hat sich mal eben lässig aufs Geländer geschwungen und blinzelt gegen die Sonne an. Eingesandt hat das Foto seine Schwester Resi Wieser-Schäfer.

▶ Gleich vor der Haustür an der Wolkerstraße hatten Jürgen Riemer (Foto) und seine Geschwister Sigrid und Thomas reichlich Platz zum Spielen. Der wurde jedoch in den 60er Jahren zunehmend eingeschränkt, beispielsweise durch den Bau der Brücke über den Verschiebebahnhof, die heute wichtiger Teil der Umgehungsstraße für den Lastverkehr ist. Von ihrem Spiel-Terrain hatten die Kinder freien Blick auf den Gaskessel an der Römerstraße, der seit 1957 die Verbrauchsspitzen senken half, und auf den Güterbahnhof samt Stellwerk. Die Brücke hieß übrigens lange im Volksmund „die Unvollendete", da eine Abzweigung in Richtung Düsseldorf viele Jahre nicht fertig gestellt wurde und wie ein Stumpf in die Luft ragte.

► „Neue Heimat“ in Neuss-Vogelsang. Mit seiner nur wenige Wochen alten Tochter Barbara, die warm eingepackt im Kinderwagen schläft, spaziert Hans Paul im Februar 1966 an der Furtherhofstraße durch den Schnee. Das Hochhaus-Viertel im Neusser Norden liegt nur wenige Gehminuten vom Haus an der Brückerfeldstraße entfernt, das die Familie bis heute bewohnt.

◄ Sonntagsspaziergang auf der Autobahn: Die Aufnahme entstand nicht etwa beim Sonntags-Fahrverbot während der Ölkrise in den 70ern, sondern kurz vor Fertigstellung der Autobahn 57. Volker Koch und seine Schwestern Brigitte (links) und Inge (heute Engeldinger) sowie Tante Hedwig Koch flanieren auf dem Standstreifen des Zubringers von der „Trompete“ in Richtung Südbrücke, etwa zwischen Kölner Straße und Berghäuschensweg.

► Neuss-Vogelsang: 1968 wurde der Grundstein für die katholische Pfarrkirche St. Thomas Morus gelegt. Die Gemeinde war bereits zwei Jahre zuvor errichtet, Pater Josef Schönherr MSF zu ihrem ersten Pfarrer ernannt worden. Zielsetzung des Neusser Architekten Norbert Hartmann war es, für die Gemeinde ein Pfarrzentrum zu bauen, das „nicht mehr primär als ‚Gotteshaus‘, sondern einem ‚weltlichen Kloster‘ vergleichbar (...) über die Bindung an das Jenseitige hinaus dem Einzelnen innerhalb einer pluralistischen Gesellschaft Lebensmitte sein will“.
(Foto: Pfarrarchiv St. Thomas Morus)

◄ Zu einer Zeit, als der katholischen Kirche noch nicht scharenweise die Gläubigen davonliefen und die Gottesdienste gut besucht waren, wurden neue, größere Gotteshäuser benötigt. Zwischen 1966 und 1969 wurde in Neuss-Weckhoven die Pfarrkirche St. Paulus erbaut, die wegen ihrer modernen Ziehharmonika-Architektur lange umstritten war. Obwohl die Akustik problematisch war, wurde das Gotteshaus zu einer Wallfahrtsstätte für Architektur-Interessierte, wie sich Martin Kluth zu erinnern weiß.

◄ Der (noch leere) Schlossplatz in Grevenbroich: Christa Teubert, die damals noch Christa Honnef hieß, liebt das Schloss seit ihrer Kindheit. Besonders gut in Erinnerung geblieben sind ihr die dort veranstalteten Feste wie beispielsweise zur Altweiberfastnacht.

▼Wo heute ein Lebensmittel-Discounter an der Düsseldorfer Straße in Grevenbroich-Elsen eine Filiale betreibt, stand in den 60er Jahren die Sauerkrautfabrik „Erftland". Hinter dem Firmengelände wurde Anfang 1965 mit dem Bau von insgesamt 76 Eigenheimen begonnen, die größtenteils in Selbsthilfe errichtet und daher erst im Spätsommer 1967 (!) bezogen werden konnten. Die Aufnahme vom 24. Oktober 1965 zeigt den Fortschritt der Rohbauten. Vor dem linken Bau, der später Eigentum von Hinrich Bauersfeld wurde, parkt dessen erstes Auto: ein VW Käfer des Baujahres 1955.

▲ Über viele Jahre verkippte die Rheinische Braunkohlenwerke AG den Abraum aus dem Tagebau auf einer großen Fläche zwischen den Grevenbroicher Ortsteilen Allrath, Neuenhausen und Südstadt. Hierdurch entstand die heutige „Vollrather Höhe". Auf dem am 13. Januar 1965 aufgenommenen Foto, das Dr. Friedrich Schmitz zur Verfügung stellte, sind am Fuß der Abraumhalde die neu errichteten Häuser der Grevenbroicher Südstadt zu erkennen. Im Hintergrund stehen die Silos der Zuckerfabrik in Wevelinghoven.

▶ In mehrerlei Hinsicht Geschichte ist diese Aufnahme aus dem Jahr 1965: Sie zeigt Agnes Ackermann mit Enkeln in Jüchen-Garzweiler. Das Dorf musste wie so viele andere im Revier dem Tagebau weichen. In einer spektakulären Aktion siedelte die Energiegesellschaft Rheinbraun Ende der 80er Jahre das gesamte Gemeinwesen an einen neuen Standort um. Dank der Bemühungen aller Beteiligten ist inzwischen bei den Einwohnern von Neu-Garzweiler ein Gemeinschaftsgefühl entstanden. Doch die alte Heimat ist unwiederbringlich verschwunden. Das Bild seiner Schwiegermutter holte Wolfgang Fischell aus dem Fotoalbum.

MODETRENDS

Was Mode ist, bestimmt zunehmend die Jugend. Strumpfhosen ersetzen die Strumpfhalter. Ist zunächst das nach Art von Farah Diba hochgesteckte Haar „in“, werden schließlich die alten Zöpfe abgeschnitten und Kurzhaarfrisuren à la Vidal Sassoon modern. Die junge amerikanische Präsidenten-Gattin Jackie Kennedy setzt Trends mit Pillbox-Hut und ihrer Lieblingsfarbe Rosa, die den Modesommer 1963 beherrscht. London löst Paris als Modehauptstadt ab, Mary Quandt schockiert das Bürgertum mit dem Minirock, und Twiggys Bohnenstangen-Look setzt Tausende Teenager auf zweifelhafte Dauer-Diät.

▶ Voilá, die Mode anno 1969 auf einen Blick: Der Kirchenchor St. Konrad in Neuss-Gnadental stellt sich zum Gruppenfoto auf. Großgemusterte Stoffe, lange, spitze Blusenkragen und ein Rocksaum, der das Knie umspielt, teilweise aber auch mehr als zwei Handbreit darüber endet. Alternativen bietet die bodenlange Hose mit extrem weitem Schlag. In jedem Fall passen dazu Riemchenschuhe in Lackausführung und mit Plateau-Sohle. Zweiter von links ist Pfarrer Werner Weber, zugleich Präses der Gesangsgemeinschaft. In der ersten Reihe rechts ist Organist und Chorleiter Klaus Robert Fuchs zu sehen. Das Foto sandte Hans Jacobs ein.

◀ Während die Haare der Herren länger werden und die Beatles mit ihren „Pilzköpfen“ für eine Revolution (und in den Familien für heftige Diskussionen) sorgen, lässt „frau“ sich eine schicke Kurzhaar-Frisur schneiden. Ellen Becker, geborene Schillings, wandte sich an den Frisör ihres Vertrauens und ließ sich von Horst-Bodo Scholz nach der neuesten Mode frisieren: asymmetrischer Pony, die Seiten etwas franselig, angedeutete Koteletten, die Ohren frei und kurz im Nacken. Der Frisörmeister auf der Neusserfurth schoss auch gleich das Foto von seiner zufriedenen Kundin.

◀ Der Herren-Schnitt stand Pate, doch die Frisuren-Mode machte die Damen keineswegs unweiblich. Auch hier ließ das Haar die Ohren frei, während einzelne Strähnen seitlich ins Gesicht gezupft wurden; der Pony war kurz, die Haare gescheitelt. Dazu trug Veronika Glasmacher 1969 sparsam Lippenstift in Pastelltönen auf.

▶ Dürfen wir Ihnen das Modell „Karin“ vorführen? Im Neusser Rosengarten posiert Karin Kammerich 1963 im neuen Kostüm, damals noch Jackenkleid genannt, für die Kamera. Man schenke auch hier der sorgfältig frisierten Haartracht Beachtung.

◀ Blick ins Wohnzimmer der Familie Thies, Drususallee 14 in Neuss. Noch dominiert nicht der Fernseher die übrige Raumaufteilung. Zentrum ist der runde Tisch mit Häkeldecke, um den sich gemütlich Clubsessel gruppieren. Der gut sortierte Bücherschrank lässt Rückschlüsse auf einen kultivierten Haushalt zu. Links vorn gerade noch im Bild: der Schreibtisch von Dr. Wolfgang Thies, zu jener Zeit Syndikus der Firma Buckau+Wolff, später Rechtsanwalt mit eigener Praxis. Ausgesucht hat das Foto seine Schwiegertochter Angelika Brück-Thies.

▲ Wintersaison 1968/69: Die Dame trägt einen dunklen, kniekurzen Mantel mit Pelzbesatz an Ärmeln und Kragen und dazu eine passende Pelzmütze. Ein „Must" sind Handschuhe und eine auf die übrige Garderobe abgestimmte Handtasche. Der Herr begleitet sie im kurzen, einreihig geknöpften Wollmantel. Gerda Koplin, damals 28 Jahre, und Hermann Josef Koplin (30) beim Sonntagsspaziergang auf der Martinusstraße in Kaarst.

▶ Einrichtungstrend in den 60ern: Die Fenster der Neubauten werden größer. Optisch leichte Sessel umstehen den zierlichen Tisch, Sofakissen haben den obligatorischen „Kniff". Arrangements in Bodenvasen komplettieren die Innenausstattung, die Josefine Zimmermann typisch für jenes Jahrzehnt findet.

ARBEITSWELT

Der Aufschwung des ersten Nachkriegs-Jahrzehnts hält an. Arbeitslosigkeit? Zumindest zu Beginn der 60er Jahre in Deutschland weitgehend ein Fremdwort. Noch können sich die meisten Menschen über Vollbeschäftigung und regelmäßig steigende Löhne freuen. Um sich etwas „leisten" zu können, den Traum von den eigenen vier Wänden, dem schicken Wagen erfüllen zu können, sind Überstunden nach Feierabend und an den Wochenenden sowie zusätzliche Nebentätigkeiten nahezu an der Tagesordnung. Arbeit, das bedeutet in vielen Fällen harte körperliche Arbeit: auf dem Bau, in der Fabrik, auf dem Feld, in der Werkstatt. Wer eine Bürotätigkeit ausübt, bei der man sich nicht schmutzig macht, fühlt sich schon als etwas „Besseres".

◀ Für viele Neusser eine der ersten Adressen, wenn es um Fleisch- und Wurstwaren von hoher Qualität ging: die Metzgerei Keller in der Neustraße, 1909 von Ludgerus Keller gegründet. Metzgermeister Willi Keller und sein Sohn Hans (von links), Max Seidel und Gerhard Pütz (Dritter beziehungsweise Zweiter von rechts) und die übrige Belegschaft schlachteten und verarbeiteten Woche für Woche rund 25 Schweine. Hans Keller verunglückte 1964 auf dem Weg zum Formel-1-Rennen in Spa mit seinem Sportwagen auf der alten Bundesstraße 1 im Alter von 24 Jahren tödlich. Das Foto entdeckte seine Witwe Mariele Ohmen im Familienalbum.

▲ „Lehrjahre sind keine Herrenjahre", schrieb Marie-Theres Zimmermann unter das Foto, das ihren Mann Hermann Josef 1968 im ersten Ausbildungsjahr beim Landmaschinenhändler Peiffer in Wevelinghoven zeigt. Gerade ist der 14-Jährige damit beschäftigt, mit Hilfe eines Hochdruckreinigers sauber zu machen. „Stifte", die sich zu fein waren, einen Besen in die Hand zu nehmen, konnte niemand brauchen. Eine Augenverletzung, die er sich bei einem Verkehrsunfall zuzog, zwang Hermann Josef Zimmermann zwei Jahre später, die Lehre zum Landmaschinenschlosser abzubrechen.

▲ Georg Dembski als Lokführer bei Rheinbraun im Jahr 1960. Der gelernte Maurer hatte die Stelle vor allem deshalb angenommen, weil er und seine junge Braut Elisabeth 1958 eine Werkswohnung in Bedburg beziehen konnten. Nachdem er angelernt worden war, steuerte er bis 1963 die E-Lok samt Anhänger voller Kohle vom Tagebau bis zum Kraftwerk Frimmersdorf.

◀ Einschalen – armieren – betonieren: Mit fünf Fachleuten, einem Kranfahrer, einem Maschinisten und drei Zimmerleuten, errichtete die Baufirma Josef Pick ab Januar 1966 den Turm der evangelischen Kirche in Rommerskirchen-Eckum. Mit dabei: Josef Sebastian (Zweiter von rechts), der auch das Foto einschickte.

▲ Die Fünf-Prozent-Hürde ist für diese jungen Damen kein Problem: Sie waren im Winter 1960/61 für die Neusser Likör-Fabrik Bols an der Graf-Landsberg-Straße tätig. Elisabeth Kauertz (heute Kurth), die damals als 17-Jährige in der Registratur des Unternehmens zur Kontoristin ausgebildet wurde, traf sich in der Mittagspause gern mit den Kolleginnen der Hollerith-Abteilung. (So hieß das Lochkartenverfahren, das als Informationsverarbeitung Vorläufer der modernen Computer war.) Schmunzelnd denkt Elisabeth Kurth, die nach Lehr-Ende in der elterlichen Metzgerei mitarbeiten musste, an die exklusiven Mahlzeiten zurück, die den drei Fabrik-Direktoren mittags serviert wurden. In den 80er Jahren verlegte die Firma ihre Produktion.

▲ Das „schwache Geschlecht“ in einer Männer-Domäne: Die Damenbelegschaft der Spedition Hans Zaun an der Duisburger Straße im Jahr 1964. Rechts oben klammert sich Ellen Becker ans Führerhaus des Lastwagens.

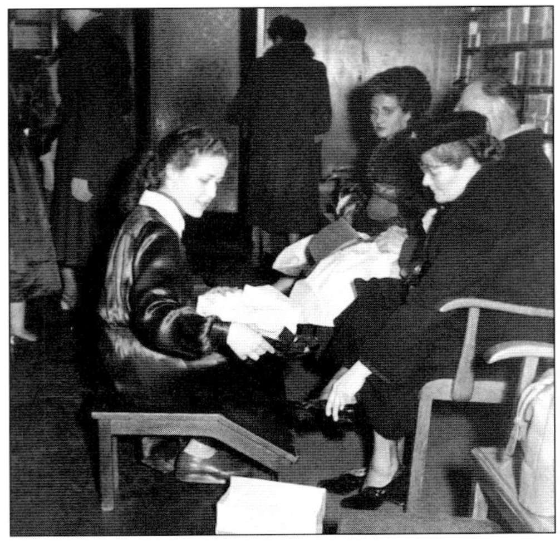

▲ Als der Kunde noch König war ... beriet und bediente Resi Wieser-Schäfer fachkundig im Schuhhaus Aloys Huck an der Neustraße 9. Die Pause verbrachten die Verkäuferinnen gern nebenan im kleinen Café Servaes, heute „Brotkorb". „Diese Zeit ist für mich eine wertvolle Erinnerung an ein sehr schönes Neuss", schreibt Resi Wieser-Schäfer.

▲ Während Zigarettenrauchern oft schnöde Nikotin-Sucht unterstellt wird, gelten Pfeifenraucher als entspannte Gemütsmenschen. Wer die Zigarre bevorzugt, dokumentiert damit zugleich Wohlstand und eine genussvolle Einstellung zum Leben. Einer, der sich in Sachen „blauer Dunst" auskennt, ist Karl Seelig, 1966 Filialleiter des Zigarrengeschäfts Haverkamp an der Oberstraße 139 in Neuss, das er später übernahm.

▶ Nicht nur im Erwerbsleben wurde gearbeitet, auch zu Hause gab es reichlich zu tun, beispielsweise am Waschtag. Als Josefine Kellner im Oktober 1961 die frisch gewaschene Wäsche im Garten an der Marienstraße auf die Leine hängt, sieht das einjährige Töchterchen Lisa Kellner neugierig von ihrem Logenplatz im Kinderwagen zu.

▲ Offenbar warm geworden ist diesen fünf jungen Burschen, darunter der spätere Bäckermeister Helmut Lenzen (Zweiter von rechts), bei ihrer Schweiß treibenden Arbeit: Rüben hacken auf den Feldern bei Jüchen-Damm. Hannelore Bienefeld sandte dieses Foto ein.

▲ Eine typische Arbeit in der Landwirtschaft am Niederrhein, wo der Rüben-Anbau eine wichtige Einnahmequelle war: Rüben vereinzeln. „Das tat man im Mai 1961 noch per Hand", erinnert sich Inge Trapp aus Kaarst, die links im Bild während der Arbeit ihre Glieder streckt. „Für einen Morgen Land im Akkord gab es bei Bauer Bonnen-Brungs 45 Mark. Da mussten viele mithelfen. Für eine Stunde Arbeit erhielten wir etwa 40 oder 50 Pfennig. Wir freuten uns schon lange auf den Verdienst." Mit bei der Arbeit: ihre Mutter Hilda Bewersdorf und Frieda Stephan (von rechts). Sieglinde Siebens-Jansen fotografierte.

◀ Milch macht müde Männer munter. Nachdem die Hälfte des großen Gartens umgegraben ist, gönnen sich Vater und Sohn eine Pause auf der selbst gezimmerten Arbeitsbank. Tatkräftig unterstützt bei der Gartenarbeit wird Christian Glasmacher von seinem Sohn Christian, der aber offenbar Apfelsaft als Erfrischungsgetränk bevorzugt. Zeitgemäß: der raspelkurze Haarschnitt, „Mecki" genannt, und die unentbehrliche Lederhose.

◀ Glücklicherweise war es nur eine Übung, zu der die Männer von der Freiwilligen Feuerwehr Neuss 1961 auf das Gelände der Firma Balatum gerufen wurden. Vor dem Verwaltungsgebäude (an dieser Stelle befindet sich heute das Möbelhaus Knuffmann) haben die Florianer ein altes Löschfahrzeug LF 25 in Stellung gebracht. Das Gefährt, Baujahr 1939, hatte die Kriegsjahre gut überstanden und leistete noch bis Mitte der 60er Jahre seinen Dienst bei der Feuerwehr Neuss. Das Löschfahrzeug LF 8, das bereits damals im Einsatz war, wird übrigens noch heute von der Jugendfeuerwehr Neuss genutzt, wie Willi Kammerich zu berichten weiß.

▶ Für die Sonntagsausflügler in Stellung gebracht hat sich Manfred Hofmann mit seinem Eiswägelchen. Vor dem Bahnübergang an der Geulenstraße in Neuss kann er Geschäfte mit Spaziergängern und Radfahrern machen, die Richtung Stadtwald oder Jröne Meerke unterwegs sind und sich bei strahlendem Sonnenschein mit einem Alaska-Eis erfrischen möchten. Manfred und Anneliese Hofmann, geborene Kalkbrenner, führten das Eisgeschäft weiter, das die Familie Kalkbrenner an der Venloer Straße, Ecke Wilhelmstraße betrieb.

◀ Sein Name steht für Vergasertechnik: Professor Alfred Pierburg, Chef der Deutschen Vergasergesellschaft (DVG) und Gründer der A. Pierburg-Auto- und Luftfahrtgeräte KG (APG). Das Foto zeigt ihn 1960 oder 1962 mit einem Fahrer der ADAC-Straßenwacht bei der DVG an der Büdericher Straße, wo die Solex in Lizenz hergestellt wurde. Die „gelben Engel“ wurden übrigens noch bis Ende der 80er Jahre regelmäßig bei Pierburg geschult. Das Foto entdeckte Walter Busch, bis 2003 als Kundendienstleiter bei der Pierburg GmbH tätig, in seinem Album.

◀ Wer hart arbeitet, soll auch feiern: Betriebsfest 1962 bei der Schraubenfabrik Fissené & Co am Neusser Schlachthof. Das Bild, das Marita Schneider herausgesucht hat, zeigt ihre Mutter Gerta Gödde mit verbundenen Augen bei einem Geschicklichkeitsspiel.

▼ Die „jecken Wiewer“ sind los: Ausgelassene Möhne, darunter auch Gertrud Kaßmann, treiben 1964 ihr Unwesen in den Produktionshallen der Thomy-Werke im Neusser Hafen. Die gelernte Modistin arbeitete zweieinhalb Jahre in der Ketchup-Abteilung, „meine schönste Arbeitsstelle überhaupt“. Zum Zeitpunkt der Aufnahme, die außerdem Hertha Frehn und Gerda Knöchel zeigt, erwartete sie ihr erstes Kind.

▲ Ausgelassen auch die Stimmung beim Betriebsfest der Farbenfabriken Bayer vor dem Kloster Knechtsteden 1963 oder 1964. Muskelkraft war bei diesem Seifenkisten-Wettrennen gefragt. Reinhold Schoppmeyer, der das Foto einsandte, war zu diesem Zeitpunkt Auszubildender in der Abteilung „Wissenschaftliches Laboratorium“, der Eingangs-Station für Jung-Akademiker.

SCHÜTZENTRADITION

Eine teilweise jahrhundertealte Schützentradition haben die Städte und Gemeinden im Rhein-Kreis Neuss aufzuweisen. Dieses Brauchtum wird am linken Niederrhein so intensiv gepflegt wie kaum anderswo in der Bundesrepublik. Jeder Stadtteil feiert sein eigenes Schützenfest, das vielerorts „das" gesellschaftliche Ereignis des Jahres ist. Die farbenprächtigen Umzüge und Paraden locken mitunter Zuschauer von weit her an. Zum Neusser Schützenfest, dem größten in der Region, kommen nicht nur ehemalige Einwohner vom anderen Ende der Erde einmal im Jahr in ihre Heimatstadt. Am letzten Wochenende im August bringen Tausende Besucher zusätzliches Leben in die Stadt, deren Bürger nur zwei Jahreszeiten kennen: vor dem Schützenfest und nach dem Schützenfest.

▲ Warten auf die große Parade: Die Zuschauer des Neusser Bürgerschützenfestes haben einen Platz ergattert, von dem aus sie das Geschehen auf dem Neusser Markt genauestens verfolgen können, die Tribünen vor dem Quirinus-Münster sind voll besetzt. Da kommt ein kühles Eis, das Manfred Hofmann für 25 Pfennig je Paket zwischendurch anbietet, gerade recht. (Foto: Anneliese Hofmann)

◀ In Neuss war er viele Jahre geradezu eine Institution im Schützenwesen: Jean Bürvenich, besser bekannt als „Bürvenichs Schnäuz", als Oberleutnant eines Grenadierzuges 1963 beim Umzug über den Neusser Markt. Wie der Frisör mit eigenem Geschäft an der Kapitelstraße und zeitweilig einziger „Puppendoktor" in Neuss zu seinem Spitznamen kam, ist wohl unschwer zu erkennen... Das Foto schickte Annemarie Below.

► Es wird am Regen gelegen haben: Die wenigen Zuschauer, die den Zugweg an der Friedrichstraße, Ecke Breite Straße beim Neusser Schützenfest 1965 säumen, flüchten lieber ins Trockene. Die Schützen ficht das schlechte Wetter nicht an. Tapfer marschiert der Jägerzug weiter, das Blumenhorn trägt Hönes Karl-Heinz Breuer, dessen Tochter Heike Zaun das Foto eingesandt hat.

▲ Na, das wird aber nochmal geübt, meine Herren! Peter Linnartz (Zweiter von links) ist offenbar beim Further Schützenfest 1960 ein wenig aus dem Gleichschritt geraten. Oberleutnant Albert Krings (links) hat's noch nicht bemerkt. Heinz Paul, Hans Paul, Kamerad Hüsges, Josef Kückelbein und Hans Büttner (von rechts) passieren die Gaststätte „Zur Lauvenburg“ (ehemals Vaesen) an der Kaarster Straße. Im Hintergrund das Fachwerkhaus von Hausmeister Piel, der seinen Dienst an der Volksschule Weißenberg versah, wie sich Annemarie Paul entsinnt.

WICKÜLER P
ECK
HB
KK-PH

◀ Schützenfest in Stürzelberg – und das Fernsehen ist dabei! Der vermeintliche Kameramann, der sich mit einer Attrappe am Schützenfestdienstag 1961 gegenüber der Königsresidenz von Peter Malskorn an der Oberstraße 2 auf der Litfaßsäule in Stellung gebracht hat, ist jedoch niemand anders als Hans Wiertz. Der Marschierer vom Jägerzug „Murrejonge" war immer für einen Spaß gut. Getarnt mit dunkler Sonnenbrille kommentierte er den Wachaufzug, den Hauptmann Johann Weber anführte. Der Zugführer der „Alde Jäger" war bekannt für seine ernst erteilten, aber scherzhaft gemeinten Kommandos. So „verdonnerte" er beim Antreten insbesondere jüngere Jäger beispielsweise aufgrund „mangelhafter Ausrüstung" zum Robben durch den Saal oder Arrest im damals noch gebräuchlichen Hühnerstall. Während zahlreiche Zuschauer Hans Wiertz tatsächlich für einen Fernsehreporter hielten, durchschaute Johann Weber schnell, wer sich da wieder einen Ulk erlaubte, wie Jakob Justenhoven berichtet.

▶ Marschieren seit 1954 im Jüchener Regiment mit und sind nunmehr ein halbes Jahrhundert aktiv dabei: die Schwarzen Husaren, hier im Jahre 1962.

▼ Weckhoven, im Jahre des Herrn 1960: Es regiert Seine Majestät Peter Schlüter (Mitte). Begleitet wird er (1. Reihe von links nach rechts) von Ehrenpräsident Johann Heesen, Oberbürgermeister Alfons Frings, dem Bruder des legendären Kardinals, sowie dem ehemaligen Oberstadtdirektor Dr. Nagel und Schützenpräsident Johann Leusch, der für seine „Rednerbegabung" berühmt war. Das Bild stammt aus dem Archiv von Martin Kluth.

▲ Strahlende Gesichter: Hubert und Gerti Arentz regieren 1967/68 die Zonser Schützen. Eigentlich hatte ein anderer bereits als künftiger König festgestanden, da nur ein Bewerber gemeldet war. Für ihn hatte Hubert Arentz in seiner Eigenschaft als Kassierer der St.-Hubertus-Schützengesellschaft sogar schon Orden besorgt. Da meldete er sich nur einen Tag vor dem Vogelschuss am Schützenfestmontag als weiterer Bewerber, um den Wettkampf unterhaltsamer zu gestalten – und holte prompt den Holzvogel von der Stange. Er erinnert sich an ein schönes Königsjahr mit wunderbarem Wetter. Auf dem Foto sind außerdem zu sehen: die drei Töchter Maria, Sibille und Anette sowie die Nichte Maria Meller (vorn, von links).

▲ Davon träumt jedes junge Mädchen: Einmal Hofdame oder Ehrendame des Königspaares zu sein. Für Marianne Hagemus, rechts im Bild, ist der Wunsch beim Büdericher Schützenfest 1961 in Erfüllung gegangen. Im eleganten Tanzkleid mit weitem Petticoat, langen Handschuhen und hellen, spitz zulaufenden Pumps sorgen die jungen Mädchen für den dekorativen Rahmen des amtierenden Königspaares Elisabeth und Fritz Bahners.

◀ Sie haben gut lachen: Zuschauer nach dem Klompenzug in Jüchen-Rath. Vorn Oma Brass mit Enkelin Marianne, daneben ihre Tochter Ursula Faßbender und Tante Anna Esser sowie – im Türrahmen – Oma Faßbender, außerdem Frau Wasen aus Stessen und Maria Schäfer aus Neuss, eine liebe Bekannte der Familie von Hildegard Sandkaulen, die das Foto aussuchte.

▲ „Wenn Mama bei mir ist, habe ich keine Angst“, scheint Klein-Ruth zu denken. Gemeinsam mit Mutter Marianne Broeckmann genießt sie Ende August 1966 auf dem Neusser Kirmesplatz die Fahrt auf einem alten Karussell.

►„Und wenn dat Trömmelche jeht, dann stonn mer all parat ...“ Einen kleinen Fan haben offenbar Gerhard Piel und Willi Kucks vom Neusser Tambourkorps 1963 während des Königsvogelschießens auf der Festwiese gefunden.

▲ Ein wenig skeptisch schaut er drein, der damals achtjährige Jürgen Heimann, wie er da am Schützenfest-Sonntag 1963 auf dem Kettenkarussell sitzt. „An anderen Tagen gehörte eher eine kurze Lederhose zur Kleiderordnung", erzählt er. Das Bild nahm sein Vater Otto auf. „Die Zeiten, in denen wir mit unseren Kindern Jana und Marco gemeinsam den Festplatz besucht haben, gehören inzwischen der Vergangenheit an", bedauert Jürgen Heimann, „trotzdem bietet dieses Fest jedes Jahr aufs Neue die Möglichkeit, Freunde und Bekannte zu treffen, die man im Laufe des Jahres nicht sieht."

◀ Ist das wieder heiß heute! Den älteren Herrn mit dem beeindruckenden Schnauzbart, der unter seinem provisorischen Sonnenschutz das Geschehen beim Schützenfest 1967 in Holzheim verfolgt, hat Franz Weyers mit seiner Kamera Rolleiflex T 6 x 6 festgehalten.

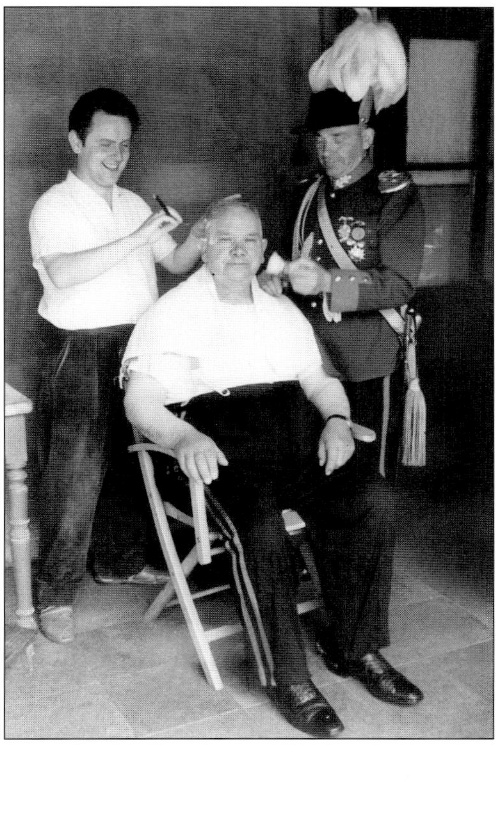

◀ Einmal waschen, schneiden, legen! Nein, Regimentsoberst Caspar Brings reichte eine Rasur. Aber die war vor der Schützenparade in Neuss-Weckhoven ein unverzichtbares Ritual. Dann ging der gewichtige Chargierte, eine allseits anerkannte Respektsperson, in Begleitung seiner Ordonanz in Richtung des Frisiersalons von Heinrich Schmitz. Der hatte ihm für die Prozedur bereits einen Stuhl in den Hof gestellt. Brings, der eine Spedition betrieb, starb 1963, nur kurze Zeit nach dem Schützenfest.

BRAUCHTUM

Wenn dem Schützenwesen im Rhein-Kreis Neuss auch eine besondere Bedeutung zukommt, so gibt es selbstredend auch noch anderes Brauchtum im Jahreskreis, das gepflegt wird. Orientierung geben dabei die hohen christlichen Feiertage innerhalb des Kirchenjahres, zu denen ehemals heidnische Rituale und Bräuche christlich umgedeutet wurden. So wird in der Region mit Straßenumzügen und Vereinssitzungen Karneval gefeiert, zum Osterfest pflegt man die Tradition des „Eierkippens", zu Fronleichnam werden die Häuser entlang des Prozessionsverlaufs geschmückt und im Herbst Erntewagen dekoriert.

◀ Wenn der „Kurier des Zaren" Abgesandte aus dem Reich der Mitte und gekrönte Häupter trifft, ist vermutlich Karneval. Wunderhübsch verkleidet – die Kostüme hatte eine Tante allesamt selbst genäht – und sorgfältig geschminkt treten diese kleinen Jecken 1963 dem Fotografen gegenüber. Neben der niedlichen Pierrette Ulrike Glasmacher und ihrer „chinesischen" Schwester Veronika geht ihr Cousin Helmut Roscheck in Position und verteidigt seine Schwester, ihre „Lieblichkeit" Hannelore. Deren Krone bestand aus äußerst empfindlichen Glasperlen, die auf Draht aufgezogen worden waren – und leider allzu leicht zerbrachen.

▶ Zu allem entschlossen scheint auch diese kleine Rothaut zu sein. Das ernste Gesicht unter dem Federschmuck gehört Marcus Seelig, den sein Vater Karl 1969 an der Neusser Oberstraße, gegenüber dem Rathaus, fotografiert hat.

◀ „Drenk doch ene möt, stell dech net esu an ..." prostet diese ausgelassene Gesellschaft dem Fotografen zu. Hoch her ging es 1967 bei diesen losen Matrosen und ihren Mädchen in der alten Bürgergesellschaft an der Neusser Niederstraße. Von links: Karin und Willi Kammerich, Margarete Bienefeld, Peter Pauly, Heinz Bienefeld und Lorenz Ermbter. Zur Verfügung gestellt hat dieses Beweismittel Detlef Bienefeld.

▲ And the winner is ... Margret Steiner. Beim Kostüm-Wettbewerb im früheren Bayer-Feierabendhaus zu Karneval 1966 überzeugten sie und Ehemann Josef als Indianer im Partnerlook. Die Feste des Bayer-Chores, in dem Josef Steiner seit mehr als 50 Jahren Mitglied ist, waren berühmt-berüchtigt. Jede Ecke, ja sogar die Treppenabsätze wurden mit Tischen und Stühlen zugestellt, um die Nachfrage nach Plätzen befriedigen zu können, wie sich Margret Steiner erinnert. Später musste der Einlass limitiert werden, um die Brandschutz-Bestimmungen einzuhalten.

◀ Cholesterin lässt grüßen. Doch davon lassen sich die Herren vom Löschzug Stadtmitte der Freiwilligen Feuerwehr Neuss 1961 (noch) nicht den Appetit verderben. Beim traditionellen „Eierkippen“ am Dienstag nach Ostern schmecken den Florianern die Mitbringsel des Osterhasen prima.

▼ In Gegenden mit vorwiegend katholischer Bevölkerung, wie es das Rheinland lange Zeit war, gehören Prozessionen am Fronleichnamstag zur Tradition. Am zehnten Tag nach Pfingsten wird die Monstranz mit dem Allerheiligsten durch die Straßen der Gemeinden getragen. Dabei ist es bis heute üblich, an Segensaltären Halt einzulegen, wo der Priester die Gläubigen segnet, wie hier in der Dorfmitte von Damm am Haus Pelzer/Stirken. Oft half die Nachbarschaft beim Herrichten und aufwändigen Schmücken. Das Foto stammt aus dem Besitz von Hildegard Sandkaulen.

▲ Abendgebet vor dem Maialtar: Der in katholischen Familien früher gepflegte Brauch, im Marienmonat Mai zu Hause einen kleinen „Altar“ für die Gottesmutter aufzubauen, ist nahezu verschwunden. Eine Marienfigur wurde auf einer schönen Decke platziert und beispielsweise mit selbst gepflückten Sträußen oder Hortensien geschmückt. Während des täglichen Gebetes, das hier Reinhold und Norbert Häming verrichten, brannte zudem eine Kerze.

▲ Der Sommer ist vorbei, die Felder sind abgeerntet, die Ernte ist eingefahren. Wenn am ersten Sonntag im Oktober das Erntedankfest begangen wird, ist es in ländlichen Gegenden üblich, mit geschmückten Erntewagen durch den Ort zu fahren. Auch die Kaarster Landjugend pflegte diesen Brauch. Links im Bild sind Marlies, geborene Gather, und Hans-Gerd Niemöhlmann, die das Foto zur Verfügung stellten, zu sehen. Am rechten Bildrand steht Herbert Bonnen.

◀ Der Nikolaus ist ins Bayer-Feierabendhaus gekommen. Den Hans Muff hat er zurückgelassen und lässt sich lieber von einem Engelchen begleiten. Doch so recht geheuer scheint der Mann mit dem langen weißen Bart und der Ehrfurcht gebietenden Bischofs-Mitra den Brüdern Wolfgang und Manfred Steiner – trotz milder Gabe – nicht zu sein. Das Foto von der Weihnachtsfeier des Bayer-Chores im Jahr 1962 hat Margret Steiner beigesteuert.

SPORT

Sport – das ist natürlich längst nicht nur Spitzen- oder Leistungssport, für den gegenwärtig im Rhein-Kreis Neuss Namen wie beispielsweise der von Schwimm-As Thomas Rupprath oder Nadja Zülow, Voltigiererin mit Weltmeistertitel-Abonnement, aber auch Weltklasse-Ruderer Frank Mager und Olympia-Teilnehmerin Stephanie Groß (Ringen) stehen. Das sportliche Leben machen ebenso die Breitensportler aus. Das ist vor allem den Vereinen zu danken, in denen Tausende Menschen organisiert sind. Und wenn Schützenzüge bei einem Fußball-Turnier aufeinander treffen, geht es zum großen Teil um den „Spaß an der Freud"". Sport-Veranstaltungen mit Event-Charakter gab es aber auch vor gut vier Jahrzehnten schon.

▲ Dreizehn Reiter gingen mit ihren Pferden an den Start, als der Neusser Rennverein am 3. August 1969 das 1. Neusser Bürgerschützenrennen auf der Neusser Rennbahn ausrichtete. Sieger im Kampf um den Preis der Neusser Schützen über 7000 Meter war Stefan Schneider auf Garant, der für den Grimlinghausener Bürgerschützenverein gestartet war. „Damals konnte bei diesen Rennen noch gewettet werden", berichtet dessen Frau Marita Schneider. „Wer auf den Sieger gesetzt hatte, erhielt damals für zehn Mark Einsatz 65 Mark ausbezahlt." Nachdem ihr Mann auch im Folgejahr wieder den ersten Platz belegt hatte, wurden die Regeln dahin gehend geändert, dass Pferde, die ein Mal bei diesem Rennen gesiegt hatten, nicht mehr starten durften.

▶ Bei der Siegerehrung des Rennens im Jahr 1969 überreichte Rennvereins-Präsident Anderheiden dem Erstplatzierten Stefan Schneider den „Preis der Neusser Schützen": einen Kristall-Eiskübel.

▲ „Kaarster Springreiter erfolgreich" lautete die Meldung der Neuß-Grevenbroicher Zeitung, nachdem Hans-Gerd Niemöhlmann auf „Katja" beim A-Springen 1961 fehlerlos in 52 Sekunden die neun Hindernisse des Parcours in elf Sprüngen genommen hatte. Gerade 17 Jahre alt war der talentierte Springreiter, der bis zum Ende seiner aktiven Laufbahn noch zahlreiche Siege errang.

▲ Im wilden Galopp setzen die Reiter über Wiesen und Felder: Fuchsjagd 1962 in Kaarst, an der Hans-Gerd Niemöhlmann ebenfalls mit „Katja" teilnahm. Der Reiter am linken Bildrand übernimmt bei dieser unblutigen Freizeitgestaltung den Part des Fuchses, wie an dem am Rock befestigten Fuchsschwanz zu erkennen ist.

▶ Auch solche sportlichen Ereignisse gab es in der Quirinusstadt Neuss: 1966 richtete die Stadt auf der Rennbahn ein Windhundrennen aus. Ludwig Spicker, der selbst seit seinem elften Lebensjahr Hundehalter war, ließ sich dieses Spektakel als Zuschauer nicht entgehen. „Ich weiß noch, dass sich ein Afghane überschlug und seine Besitzerin das jaulende Tier auf den Arm nahm, um es zu trösten", erzählt der Neusser.

▲ Da gerät man leicht ins Schleudern: Neusser Autoslalom am 10. Juli 1966 auf dem TÜV-Gelände an der Hammer Landstraße, das auch als Kirmesplatz genutzt wird. Die Veranstaltung hatte der Neusser Motorsportclub um den Deutschen Meister Manfred Kilian sowie die Familien Geller und Gilges ausgerichtet. Streckensprecher war Ernst Hartkopf. Für Walter Busch, dessen Aufnahme einen NSU Prinz in Aktion zeigt, war der Besuch dieses Rennens alljährlich ein Muss, zumal sein Arbeitgeber Pierburg Sportfahrer unterstützte und beispielsweise die Wagen der deutschen Teilnehmer der Rallye Monte Carlo im Neusser Werk betreut wurden.

▲ Nein, die Herren sind nicht etwa Insassen einer Strafvollzugsanstalt, sondern Marschierer des Neusser Jägerzugs „Hermann Löns". Am 27. März 1965 haben sie gerade vor mehreren hundert Zuschauern die gegnerische Mannschaft vom Jägerzug „Halali" mit 3:2 besiegt. „Obwohl das Spiel nicht durch besonderen Ernst gekennzeichnet war, gab es zum Teil spannende Szenen, die von großem Kampfgeist der Akteure zeugten", schrieb Günter Jansen (hintere Reihe, Zweiter von links) wenige Tage später im NGZ-Artikel, den Dieter Sonnen (stehend, Dritter von links) seinem Foto beigelegt hat. Belohnt wurden die Kicker um Torjägerkönig Peter Lux (vorn, Zweiter von rechts) mit dem von Jägermajor Hubert Becker gestifteten Pokal.

◀ Noch hungrig nach Erfolg und relativ bescheiden ausgerüstet sind diese Nachwuchsspieler der Deutschen Jugendkraft (DJK) Novesia im Dezember 1967. Von links nach rechts: Jürgen Frank, Reinhard Teubner, der das Bild bis heute aufbewahrte, Dirk Vrinsen und Michael Raederscheid.

▲ Längst beendet war hingegen die sportliche Laufbahn von Johann Kluth, den zu seinen Lebzeiten jeder Wevelinghovener kannte. In seiner Jugend war er ein erfolgreicher Leichtathlet, der infolge eines Unfalls in amerikanischer Gefangenschaft querschnittsgelähmt war und sich seitdem nur im Rollstuhl fortbewegen konnte. Bis zum Bau seines Hauses am Marktplatz (das Bild zeigt ihn vor dem noch nicht ganz fertig gestellten Gebäude) in den 60er Jahren wohnte er im St.-Josef-Krankenhaus. „Er besuchte jede Fußballveranstaltung und nahm an allen Beerdigungen in Wevelinghoven teil“, weiß Dr. Friedrich Schmitz zu erzählen, der vor Jahren eine Sammlung mit Fotos von Wevelinghovener Persönlichkeiten zusammentrug. Der bei allen beliebte „Kluths Schäng“ verstarb 1986 im Alter von 79 Jahren.

MOBILITÄT

Deutschland entwickelt sich aus einer Nachkriegs- zu einer Wohlstandsgesellschaft, für die Mobilität in der Berufswelt, aber auch in der Freizeit immer wichtiger wird. Immer mehr Menschen können sich außerdem dank des wirtschaftlichen Aufschwungs ein eigenes Auto leisten, das zunehmend zum Prestige-Objekt wird. Während zunächst noch die kleineren Modelle das Straßenbild dominieren, dürfen die Nachfolger dann schon etwas mehr unter der Motorhaube haben und geräumiger sein. Der Bau von Autobahnen wird weiter vorangetrieben, so dass auch entlegene Gebiete bald immer besser und schneller zu erreichen sind.

◀ Von Beinfreiheit kann nicht wirklich die Rede sein, und auch der Kofferraum fasst ganz offensichtlich nicht, was zwei junge Männer für einen Urlaub in Venedig so mit sich führen. Ludwig Spicker (hinten) versichert jedoch glaubhaft, dass er und sein Bruder Karl Heinz im August 1961 tatsächlich mit dem Messerschmitt Kabinenroller in der Lagunenstadt angekommen seien und es anschließend auch wieder zurück nach Neuss geschafft haben. Er gibt allerdings zu: „Am Berg Isel in Österreich musste ich aussteigen und den Wagen schieben, sonst wären wir nicht rauf gekommen." Dabei mag „Mecky", das Maskottchen der TV-Zeitschrift „Hörzu", das die jungen Männer als Talismann auf dem Scheinwerfer mitfahren ließen, geholfen haben. In ihrem Stolz gekränkt waren die Neusser jedoch, als sie in München vor einer roten Ampel vom Fahrer eines Brauereifahrzeugs gefragt wurden: „Na, kriegt der Kleine noch die Brust?"

▶ Jeden Kubikzentimeter Stauraum nutzen auch Inge und Hartmut Trapp in ihrem VW Käfer. Vom ersten Motorrad, einer Tornax 175 ccm, über den BMW 600 bis zum Volkswagen sind immerhin zwölf Jahre vergangen. 1968 fahren die beiden Töchter Claudia und Heike mit zur Flensburger Förde, und da gilt es, neben vier Personen auch die gesamte Campingausrüstung inklusive Campingkocher und Propangasflasche zu befördern. „Auf einen Motorrad-Gepäckträger geht unser Urlaubsbedarf nicht mehr. Mein Mann verzurrt alles gut da oben. Wie stark so ein Dach vom VW war", staunt Inge Trapp.

◀ „Komm ein bißchen mit nach Italien ...". Gerda und Hermann Josef Koplin folgten der musikalischen Aufforderung und erkundeten das „Land, wo die Zitronen blühen" (und die Kakteen neben der Straße wachsen) 1963 gleich fünf Wochen lang. Mit seinem Fiat 500 besuchte das junge Paar nach der Fahrt über die Alpen Venedig, Rom und schließlich Sizilien, wo dieses Foto entstand.

◀ Die Mainzelmännchen waren immer dabei, wenn es auf große Fahrt ging. Wenn Alfons Koch die Familie in den Renault Dauphine lud, um Urlaub im Schwarzwald zu machen oder die Verwandten im Westerwald zu besuchen, baute Sohnemann Volker den schlauen Det, Edi und Kollegen vor der Heckscheibe auf – zur Freude nachfolgender Autofahrer, die dem jungen Mann auf dem Rücksitz fröhlich winkten.

▲ „Knutschkugel“ oder auch „Adventsauto“ („Macht hoch die Tür“) wurde die Isetta wegen der frontal zu öffnenden Tür genannt. Das Bild zeigt Sigrid Konopatzki 1964, gerade 20 Jahre alt, vor dem Wagen ihres damaligen Verlobten und jetzigen Mannes zwischen Straberg und Knechtsteden. Leider hatte das originelle Gefährt so seine Tücken. So blieb der Wagen auf einer Tour nach Rheydt alle paar hundert Meter stehen. Um an den Motor samt Zündkerzen zu gelangen, musste die Sitzbank zurückgeklappt werden, so dass die Beifahrerin während der Reparatur im strömenden Regen warten musste und bald klitschnass war. Mit dem Silberpapier einer Schokoladentafel war der Kontakt bald wieder dauerhaft hergestellt. Als bei der Isetta, inzwischen froschgrün gespritzt, schließlich nur noch der erste und der vierte Gang funktionierten und mit dem aufheulenden Motor selbst der Sound eines Rennwagens nicht mehr konkurrieren konnte, wurde das Gefährt verkauft. Von dem Erlös, immerhin 500 Mark, erhielt Sigrid Konopatzki ein Armband, das sie heute noch besitzt.

▶ „Born to be wild“: Reinhard Teubner 1969 auf der Honda seines früh verstorbenen Kumpels Manfred Drüll 1969 (stehend). Die beiden sehen aus, als hätten sie für die Biker-Hymne der Rockband Steppenwolf Pate gestanden. Klar, dass sie den Kinofilm „Easy Rider“ mehr als einmal gesehen haben. „Ich besaß leider nur ein Hercules-Kleinkraftrad“, erzählt Reinhard Teubner, „da war so ein Motorrad natürlich etwas völlig anderes.“ Meist fuhren sie in einer Gruppe von etwa einem Dutzend junger Leute durch die Gegend. Eine Helmpflicht gab es damals noch nicht.

◀ Ein kurzer Halt mitten auf der Landstraße, um die Aussicht zu genießen: Hanni Weber im Etuikleid, mit Hochsteckfrisur und dunkler Sonnenbrille beim Sonntagsausflug.

FREIZEIT

Werden zu Beginn des Jahrzehnts zusätzlich zur harten Arbeitswoche noch zahlreiche Überstunden „gekloppt“, um aufkommende Konsum-Wünsche befriedigen zu können, so gewinnt die Freizeitgestaltung in den folgenden Jahren an Bedeutung. Die Urlaubsreise, die bisweilen auch ins Ausland führt, wird zu einem Statussymbol. Man möchte die Früchte seiner Anstrengungen genießen und vielleicht auch zeigen, was man sich erlauben kann. Grundsätzlich fallen die Freizeit-Aktivitäten, die sich oft im Freien abspielen, vergleichsweise bescheiden aus. Ganz oben auf der Hitliste stehen Spaziergänge und Fahrradausflüge, Besuche im Schwimmbad oder eine Aufführung der Märchenbühne.

◀ Hinterhof-Idyll: Im Juni 1960 entspannte man in Grevenbroich zwischen Hausarbeit und Gemüseernte beim „Klaaf“ mit den Nachbarn. Da gab es offensichtlich eine Menge zu lachen, wie der Schnappschuss von Helene Klever zeigt. Ihr Schwiegervater Heinrich Klever unterhält Oma Anna Jansen (rechts) und „Nobis‘ Len‘“, die beinah täglich auf ein „Gesundheits-Schnäpschen“ vorbeischaute.

◀ Gefragtes Naherholungsgebiet: Das Jröne Meerke, im Winter 1967/68 noch umzäunt, war schon vor Jahrzehnten beliebtes Spielterrain und Ausflugsziel der Bevölkerung im Neusser Norden. Der Knirps mit Knickerbockern und Pudelmütze heißt Thilo Lösaus, ein Freund von Jürgen Riemer, der das Foto zur Verfügung stellte. Im Hintergrund gut zu erkennen: ein offenbar zum Kiesgrubenbagger gehörendes Gerät an einem Drahtseil.

▶ „Das Springen vom Beckenrand ist einzustellen!“ 1962 wurde in Reuschenberg das Freibad im Südpark eröffnet und war bald ein absoluter Publikumsmagnet. Alfred Dönni, der junge Mann mit der Flüstertüte, war dort im Urlaub als Hilfsschwimmmeister angestellt.

▶ Die Haare gut unter der Badekappe verborgen, wagt sich Elisabeth Weyer lieber vorsichtig ins kühle Nass. Mit ihren Kindern Angelika, Theo und Ute besuchte sie 1963 gern das Freibad.

◀ Drei kleine Nixen. Offenbar lechzt halb Neuss an diesem Sommertag 1967 nach Abkühlung, denn rund um das Freibecken im Südpark wimmelt es nur so von Menschen. Veronika und Ulrike Glasmacher (von rechts) warten mit ihrem Nachbarskind Gerda Kreuer darauf, dass es los geht. Modisch der letzte Schrei: der gesmokte Badeanzug, der im Nacken geknotet wird.

▲ Der nahe gelegene Rhein bietet für die Menschen im Rhein-Kreis Neuss reichlich Erholungs-Möglichkeiten. Auch Hans Anderhalden zog es 1967 mit Ehefrau Johanna und den Kindern Heike und Frank per Drahtesel zum großen Fluss, wo zur besonderen Freude der Kleinen selbstredend ausgiebig Picknick gemacht wurde.

▲ Strandbad mit Industrie-Kulisse: Dort auf den Rheinwiesen, wo Marlene Töller mit ihrem Sohn Harald und ihre Freundin Gisela Königstein samt den Zwillingen Thomas und Gabi 1962 den Sonnenschein genießen, steht heute ein großes Einkaufszentrum. „Damals konnte man im Rhein noch baden", denkt Marlene Töller gern zurück.

▲ Wintersport in Neuss – Jahrzehnte vor der Skihalle in Grefrath. Bei hervorragenden Schneeverhältnissen ist Karin Schlee im Januar 1963 auf Brettern am Rheindamm unterwegs. Die 14-Jährige hatte die Ski gerade erst zu Weihnachten bekommen, „warum, weiß ich eigentlich nicht, denn wir fuhren nie in den Wintersport", sagt sie.

◀ Eisfreuden im Alten Stadtgarten: Ika, eigentlich Henrike, Hohlmann als Elfjährige im Januar 1966 mit untergeschnallten Kufen gleich gegenüber dem Elternhaus an der Kaiser-Friedrich-Straße auf dem Stadtgarten-Weiher. „Der war früher im Winter regelmäßig zugefroren“, erinnert sich ihr Bruder Michael Hohlmann, „Schlittschuhlaufen war ein beliebtes Vergnügen für Jung und Alt.“

▼ Weiße Weihnacht 1964. Am zweiten Feiertag versinkt die Landschaft rund um Grevenbroich-Neukirchen unter einer dicken weißen Schneedecke. „Das ist heute noch seltener als damals“, kommentiert Hinrich Bauersfeld dieses Foto. Es zeigt seine Schwägerin nahe der Bundesstraße 477 beim Spaziergang mit zwei Hunden. Im Hintergrund ist der Lübisrather Hof zu sehen.

◀ „Es schneit, es schneit, das müsst ihr einfach seh'n“ – der Winter 1962/63 sorgte für reichlich Schnee, den die Further Kinder begeistert nutzten, um mit dem Schlitten die kleinen Erhebungen rund ums Jröne Meerke herunterzusausen. Josefine Zimmermann nutzte die Gelegenheit, mit ihrer Familie über die Eisdecke bis zur Insel inmitten des kleinen Sees zu spazieren.

▶ Nicht auf dem Rhein, sondern auf der idyllischen Lahn sind die Mitglieder des Neusser Kanu-Clubs (NKC) im Frühjahr 1961 unterwegs.

◀ Und wieder eine Etappe beim Wanderpaddeln geschafft. Die Zelte sind winzig – schließlich mussten sie in den Kanus mitgeführt werden –, die sanitären Anlagen bescheiden. Das Foto zeigt Hans Paul vom NKC unter Umgehung aller Fallstricke auf dem Weg zum morgendlichen Waschen.

◀ Seit mehr als 50 Jahren verzaubern die Märchenspiele auf der Freilichtbühne Zons Kinder und Erwachsene gleichermaßen. Das „rheinische Rothenburg“, wie die alte Zollfeste am Rhein oft genannt wird, bietet dem Geschehen eine herrlich romantische Kulisse. Mehr als einmal spielten Lisa und Harald Krumbein, wie hier 1962 in „Der Schweinehirt“, das (Prinzen-)Paar, das sich am Ende glücklich in die Arme fällt. Beide beteiligen sich bis heute aktiv an den Aufführungen. Und auch die gemeinsamen Söhne Robert (unten) und Jörg verstärkten oft genug die Laienspielschar, die jährlich Tausende von Zuschauern unterhält.

▼ Hu, ist das kalt. Mit ganzem Körpereinsatz sind Mariam (links) und Halima Groß 1965 beim Morgenbad, unterstützt von ihrer Oma Toni Quack. „Als die Kinder klein waren, haben wir jedes Jahr auf diesem Campingplatz bei Frankfurt Urlaub gemacht, weil die zweieinhalbstündige Anreise gerade noch erträglich war“, sagt Helmi Groß, die Mutter der Kinder. Die Großeltern waren immer dabei. Gemeinsam bewohnte die Familie dann ein schon geradezu luxuriöses Steilwandzelt mit Innenzelt und Vorküche. Später ging es dann eher nach Italien oder Mallorca.

Kindheit in den 60er Jahren – in Deutschland ist sie überwiegend behütet. Die Kinder wachsen zumeist im Kreis von Geschwistern, mitunter auch Großeltern und anderen Anverwandten heran, zum Toben stehen vor allem in den Vororten der Städte und in ländlicheren Gebieten der eigene Garten und reichlich weitere noch unverbaute Fläche zur Verfügung, und im Wirtschaftswunderland wird Spielzeug hergestellt und verkauft, von dem frühere Generationen nicht mal träumen konnten. Der Besuch des Kindergartens ist eher noch die Ausnahme, zumindest aber nicht der Regelfall. Schließlich ist nur ein verschwindend geringer Teil der Mütter erwerbstätig, die meisten kümmern sich hauptberuflich um Haushalt und Kindererziehung.

◀ Als Mutter Brigitte Sebastian krank ist, muss sich Vater Josef um Töchterchen Gabriele kümmern. Und was macht „Mann", als der Nachwuchs gebadet werden muss? Er setzt die Kleine kurz entschlossen in die Spüle. „Wie man sieht, hat es mir viel Spaß gemacht", versichert Gabriele Leusch, die dieses Erinnerungsfoto einsandte.

▶ Eine typische Sommerszene „hinter dem Haus" der Familie Schaffner aus dem Jahre 1961: Diese kleinen Hitzeopfer erfrischen sich im persönlichen Pool, wahlweise noch aus Zink oder schon aus Plastik. Ob aufblasbare Planschbecken zu jener Zeit überhaupt schon erhältlich oder schlicht zu teuer waren, kann Helga Zehetner heute nicht mehr sagen. Die „Bütt", aus der sie da so fröhlich winkt, steht heute mit Blumen bepflanzt in ihrem Garten an der Friedrich-von-der-Schulenburg-Straße in Neuss.

◀ Puh, diese Hitze. Doch im Schatten der Bäume lässt es sich gerade noch aushalten. Und wenn Oma Rosa Stockhaus dann an einem besonders heißen Julitag des Jahres 1964 für jedes Enkelkind eine Zinkwanne aus dem Keller holt, können Astrid Haschenburger sowie Kai und Silke Schulze-Beckinghausen im Reuschenberger Garten herrlich planschen. Gudrun Haschenburger hat die munteren Wasserspiele für die Nachwelt festgehalten.

▶ Ein garantierter Kindergartenplatz für jedes Kind ab drei Jahren? Von einer flächendeckenden Versorgung mit Tagesstätten konnte im Jahre 1967 noch lange keine Rede sein. Viele Kinder wurden bis zur Einschulung ausschließlich familiär betreut. Das Bild von Detlef Bienefeld enstand beim Sommerfest der Montessori-Gruppe im Neusser Kindergarten St. Quirin im Juli 1967.

▶ Brüderchen und Schwesterchen. Jost und Corinna Auler legen beim Spaziergang durch die Zonser Hannepützheide 1962 eine kurze Pause ein. Der Weg von Stürzelberg war schließlich lang für die vierjährigen Zwillinge, für die eine Tante aus einer alten Decke identische Dufflecoats genäht hatte. Vater Volker Auler fängt den Anblick des hübschen Pärchens mit der Kamera ein. Während die zehn Minuten ältere Corinna heute als Lehrerin in Münster arbeitet, lebt Jost Auler immer noch im Rheindorf und engagiert sich beruflich als Archäologe und Historiker. Aufmerksamen NGZ-Lesern dürfte sein Name überdies bekannt sein, da er als freier Mitarbeiter für die Seite „Heimatland" Beiträge verfasst.

▶ Da geht's lang! Der etwa sechsjährige Frank Anderhalden weist sein zwei Jahre altes Schwesterchen Heike in den Grünanlagen am Glehner Weg in den Umgang mit dem nagelneuen Kettcar ein, das er gerade erst zum Geburtstag bekommen hat.

◀ Das erste eigene Fahrrad brachte Michael Hohlmann Weihnachten 1961 das Christkind. Schwester Ika wurde gleich zur kurzen Ausfahrt vor dem Haus an der Kaiser-Friedrich-Straße 86 in Neuss eingeladen. Gut zu erkennen ist die Kopfsteinpflasterung der Straße. Die Nobelkarosse links im Bild, ein Mercedes-Benz der Modellreihe Ponton, gehörte nicht der Familie Hohlmann.

▲ Aus dem Weg, jetzt komme ich! Volker Koch startet etwa 1962 erste Radfahrversuche auf dem Gagelweg in der Neusser Grünweg-Siedlung. Nachdem der Knirps zum wiederholten Male von einem Nachbarn aufgefordert worden war, seinen Führerschein vorzuzeigen, stellte Papa Alfons ihm schließlich einen „Lappen“ aus: inklusive Foto, Stempel und Unterschrift. „Dem umseitig benannten, oben stehend abgebildeten Volker Koch wird hiermit die Genehmigung zum Fahren folgender Fahrzeuge erteilt: 1. Roller; 2. Dreirad; 3. Fahrrad sowie Autos aller Klassen.“ Der Nachbar fragte nie wieder nach einer Erlaubnis. Und das Rad wurde anschließend eifrig in der Verwandtschaft weitergereicht.

▲ Schulneulinge beim Experten-Gespräch unter sich. Während Veronika Glasmacher an jenem 9. April 1964 ihren ersten Tag in der Sexta des Gymnasiums Marienberg erfolgreich hinter sich gebracht hat, ist das Thema „Schule“ für ihre jüngere Schwester Ulrike und ihren Klassenkameraden Wolfgang Fells noch absolutes Neuland. Auf dem Heimweg von der St.-Elisabeth-Grundschule in Neuss-Reuschenberg werden Vermutungen angestellt, was sich denn wohl so alles in der großen Schultüte finden mag.

▲ Wie kommt der Geißenpeter nach Norf? Ach, nein. Der nette Knirps mit Papas altem Hut ist ja Ralf Kaßmann, der im Frühjahr 1969 gerade mal seine Arbeit unterbricht und so gewinnend unbeschwert in die Kamera lacht.

▲ Und noch mehr i-Dötzchen, diesmal auf dem Pausenhof der Kreuzschule an der Schwannstraße. Am ersten Schultag 1963 stellen sich (von rechts) Hans Willi Möckel, Peter Lehmann und Günter Zwikla mit einem weiteren Schulfreund zum Erinnerungsfoto auf.

► Schelmisch lacht Marie-Theres Sandkaul, heute Zimmermann, in die Kamera: Der Ledertornister, der an ihrem ersten Schultag im Jahr 1966 in der Volksschule in Aldenhoven auf ihrem Rücken sitzt, gehört nicht ihr. „Da nur ein Schulranzen fototauglich war, wurden wir alle mit der gleichen Tasche fotografiert", verrät sie.

▲ Ist hier etwa irgendein Junge, der keine Lederhose trägt? Melden! Die robuste Kurze mit verstellbaren Trägern gehörte im Sommer 1966 nicht nur an der Weingartschule zur zeitgemäßen Jungen-Garderobe. Doch in der Klasse von Lehrer Ganglitz sind einige wenige Individualisten ihrem persönlichen Stil treu geblieben. Oder kam das gute Stoffhöschen nur für den Fotografen zum Einsatz? Agnes Schaff hat dieses Bild beigesteuert.

▲ Schulerfahrung besitzen diese Viertklässler bereits, die sich 1960 in Grevenbroich für den alljährlichen Wandertag mit Lehrer Zimmermann gerüstet haben. Maria Schoppmeyer, damals noch Krings, und ihre Zwillingsschwester Helene sitzen hinten rechts am Tisch. „Brave Kinder brauchten weniger Aufsicht und mussten daher im Klassenzimmer hinten sitzen“, erklärt Maria Schoppmeyer, „dabei stellte sich dann heraus, dass ich eine Brille benötigte.“

◀ „Come on, let's twist again ...“ Die Älteren mögen bei diesem Modetanz die Hände über dem Kopf zusammengeschlagen haben – die Jugend ist begeistert. Hier studiert Norbert Häming mit seinen Brüdern Reinhold und Ulrich sowie den Cousinen Ursula und Claudia Meyer 1963 im Wohnzimmer der Familie Häming die richtige Schrittfolge ein. Wobei es bei diesem Tanz ganz offensichtlich wohl eher auf den Einsatz des Oberkörpers ankam.

DER EIERDIEB

Es gibt kaum ein Neusser Kind, das nicht einmal fürs Familienalbum auf dem „Eierdieb“ am Stadtgartenweiher fotografiert worden wäre. So war es auch nicht weiter verwunderlich, dass die Redaktion geradezu mit Eierdieb-Bildern „geflutet“ wurde, nachdem wir den Aufruf zu unserer 60er-Jahre-Aktion mit diesem Motiv illustriert hatten. Die Bronze-Skulptur des Bildhauers Oswald Causin, der auch die Mitglieder bekannter Neusser Familien porträtierte, wurde 1934 aufgestellt und kostete damals sage und schreibe 955,70 Mark. An dieser Stelle zeigen wir stellvertretend für alle eingesandten Fotos einige Exemplare.

◀ Prominenter Reiter auf dem Eierdieb: Herbert Napp, heute Bürgermeister der Stadt Neuss, nimmt im Frühjahr 1960 mit der kleinen Angelika Koenen und deren Schwester Irmel Platz auf der berühmten Skulptur im Neusser Stadtgarten. B. Koenen, die uns diesen Schnappschuss sandte, denkt gern an diese Zeit zurück.

▶ „Als ich das Bild vom Eierdieb in der heutigen NGZ sah, dachte ich sofort: So eines hast du auch!“, schrieb Andrea Köhler in ihrem Brief an die NGZ. Gleich suchte sie das Foto heraus, das sie im September 1969 mit anderthalb Jahren gemeinsam mit ihrer damals neun Jahre alten Tante Petra Roß auf dem „wilden Hans“, wie der Schwan im Volksmund heißt, zeigt.

▲ Noch nicht fest im Sattel sitzen Michael Fischell und seine Cousine Jutta Stange im Sommer 1963. Vorsorglich steht Marianne Fischell, geborene Ackermann, neben den beiden Dreikäsehoch.

▲ Der Eierdieb einmal anders: mit Schneehaube. Peter Schillings zieht es denn auch vor, sich nicht rittlings auf der Plastik ablichten zu lassen. Er posiert im Winter 1962/63 lieber so im märchenhaft verschneiten Stadtwald. Für uns aus dem Fotoalbum herausgesucht hat das Bild seine Tochter Ellen Becker.

JUGEND

Die erste Nachkriegsgeneration wächst heran – und stellt den Eltern teilweise unangenehme Fragen. Längst wird nicht alles widerspruchslos übernommen. Die Jugend schafft sich eine Gegenkultur, die sich in Mode, Haartracht und Musik ausdrückt. Was der Rock'n'Roll für die 50er Jahre ist, ist der Beat für das darauf folgende Jahrzehnt. Die Beatles bereiten den Weg für die Rolling Stones und The Doors, denen schließlich Led Zeppelin und Steppenwolf folgen. Themen ihrer Lieder sind oft die Rebellion gegen die bürgerliche (Konsum-)Gesellschaft. Minirock und Jeans sind ebenso wie die zunehmende Haarlänge der jungen Männer ein probates Mittel, die Älteren zu provozieren. Der Generationen-Konflikt spitzt sich in der Studentenrevolte von 1968 zu. Vorbild alternativen Zusammenlebens ist die „Kommune 1" in Berlin.

▲ Die Damen im todschicken Modell nach der neuesten Mode oder in eleganter Abendrobe, die Herren im dunklen Anzug mit Hemd und Krawatte – die Tanzschule vermittelte anno 1960 zwar auch Schritte und Figuren, wie diese Aufnahme von Detlef Bienefeld zeigt, mindestens ebenso wichtig war jedoch Benimm: die formvollendete Aufforderung, der korrekte Knicks, der richtige Gang. Schliff fürs glatte gesellschaftliche Parkett eben. Die alte „Bürger", wie die Neusser die Räumlichkeiten ihrer Bürgergesellschaft kurz nennen, befand sich damals noch an der Niederstraße, etwa in Höhe des Kaufhofes.

◀ Eine beliebte Veranstaltung am Sonntagnachmittag war der Tanztee. Hier twisten gerade die Geschwister Christine und Albrecht Hinke. Die junge Dame heißt inzwischen Christine Schmitz und stellte diesen Schnappschuss aus dem Jahr 1962 zur Verfügung.

▲ 1968 – Mini ist angesagt, wie hier beim Schlussball der Tanzschule Hopp-Schneidt in Neuss. Lange Abendkleider waren gegen Ende der 60er Jahre eher die Ausnahme, wie sich Karin Schlee erinnert. Als Karin Wolff hatte sie 1964 bei einem Tanzkursus Eckart Schlee kennen gelernt – die spontane Abneigung war beiderseitig. „Als mein Tanzpartner sich das Bein gebrochen hatte, hat Frau Schneidt uns gegen unseren Willen zusammengebracht“, erzählt sie schmunzelnd, „wir mochten uns gar nicht.“ Das hat sich zwischenzeitlich geändert. Die beiden (das zweite Paar von rechts) sind nunmehr 35 Jahre verheiratet. Am Mikrofon führt übrigens Hannelore Hopp-Schneidt selbst durchs Programm.

▲ Die legendäre Milchbar an der Ecke Glockhammer/Quirinusstraße – in den 60er Jahren „der“ Jugendtreff in Neuss schlechthin. Während die Schüler der umliegenden Gymnasien vormittags hauptsächlich Milchmixgetränke und Eis verzehrten, durfte es später am Tag auch mal ein Bier sein. Wenn Alfons Buschhüter und sein Bongo-Trio samstag- und sonntagnachmittags den mittelalterlichen Gewölbekeller mit Rock'n'Roll im Stil von Peter Kraus zum Beben brachten, musste der Laden spätestens um 14 Uhr wegen Überfüllung geschlossen werden. „Eine wunderschöne Zeit, an die ich gern zurückdenke“, schwelgt Mariele Ohmen in Erinnerungen. Das Bild zeigt sie links, damals als Mariele Richard, mit ihrer Freundin Trude sowie Maria Keßler (rechts), mit der sie heute noch regelmäßig kegelt.

▲ Mindestens ebenso bekannt wie seine Milchbar: Joseph Abels (links), hier an einem der Schützenfesttage im Gespräch mit Grenadier Hans Keller, dem 1964 tödlich verunglückten ersten Mann von Mariele Ohmen.

▲ Schnapsidee? „Bei einer fröhlichen Zecherei beim Abels Jupp in der Milchbar beschlossen wir eine Fahrt mit dem Klingenden Rheinländer nach Altenahr", erzählt Hermann-Josef Loersch zu diesem Bild. Mit von der Partie waren bei diesem Ausflug 1960 Trude Welter (links), Marlies Klaff, Rudi Pies und Renate Gelen (von rechts) sowie Hans Keller (hinter der Kamera). Nachdem die Herren den Rebensaft gründlich verkostet hatten, nahmen sie später noch in der Ahr ein erfrischendes Fußbad. Ob das geholfen hat?

◀ Unterwegs waren auch Wilma Theisgen (Zweite von rechts) und ihre Mitschüler von der Kaufmännischen Berufsschule an der Weingartstraße. Im März 1965 ging die Industrie-Klasse I/21 mit dem Busunternehmen Schröder auf Abschlussfahrt. In offenbar bester Laune sind die jungen Leute in den topmodischen Salz-und-Pfeffer-Mänteln. Wilma Conrads, wie die junge Dame inzwischen heißt, ist übrigens bis heute bei den Stadtwerken Neuss beschäftigt, wo sie 1962 ihre Ausbildung aufnahm.

▲ Eine weniger lange Anreise hatte die Frohschargruppe St. Theresia, die damals dem Bund der deutschen katholischen Jugend (BDKJ) angehörte, auf ihrem Ausflug zur Hochwassermauer an der Rheinuferstraße im Frühjahr 1961. Edith Mills, damals Edith Hilden, identifiziert auf ihrem Foto vorn in der Mitte Inge Meuter von der gleichnamigen Metzgerei an der Hüsenstraße sowie Renate Haas, Tochter eines Bäckers an der Cyriakusstraße.

◀ März 1966 – die Verfilmungen der „Winnetou"-Bücher von Karl May waren Kino-Erfolge, Teenager wie die Zwillinge Maria und Helene Krings schmückten ihre Zimmerwände mit Starschnitten aus der „Bravo", schwärmten für Winnetou-Darsteller Pierre Brice, „Old Shatterhand" Lex Barker und „Ntschotschi" Marie Versini. Gespielt wurde auch noch: beispielsweise Mikado, wie Maria (rechts, heute Schoppmeyer) und ihre Freundin Angelika Gau aus Neuss es hier tun.

FAMILIENEREIGNISSE

Trotz Pille, sexueller Revolution, „Emanzen“ und Wohngemeinschaften – die Familie ist für die meisten Menschen in den 60er Jahren Lebensmittelpunkt, um den sich alles dreht. Ihre Bedeutung als Keimzelle der Gesellschaft ist unumstritten. Auf unserer Zeitreise haben wir uns diesem intimsten Lebensbereich allmählich angenähert: angefangen vom Stadtbild über Mode und Arbeitswelt, öffentliches Leben und Mobilität bis hin zum Privaten. Mit einigen, teils sehr persönlichen Fotos aus dem Familienleben schließt unser Bildband über „Unsere 60er Jahre im Rhein-Kreis Neuss“.

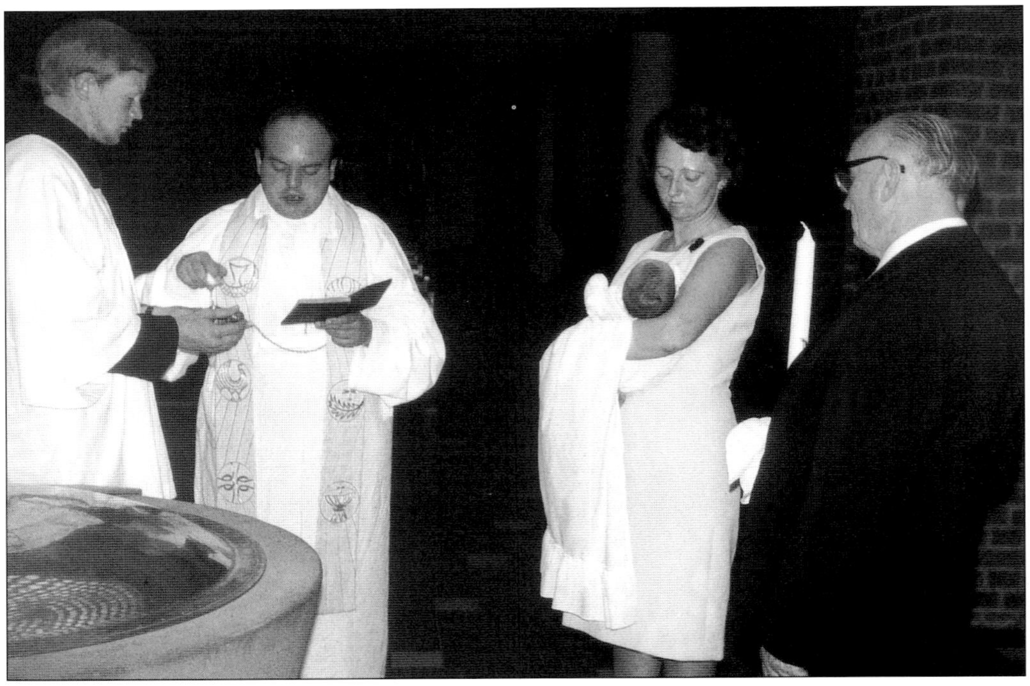

◀ Mit der Taufe am 12. Juni 1966 wurde Peter Broeckmann in die Gemeinschaft der Christen aufgenommen. Das Sakrament spendete Kaplan Löhers in der Pfarrkirche Christ König am Berliner Platz in Neuss. Paten waren Christel Thomé, eine Cousine der Mutter, sowie der Großvater des Täuflings, Michael Klapprich. Anders als in diesem Fall war die Mutter selbst oft bei der Zeremonie gar nicht anwesend.

▲ Weißer Sonntag, April 1968. Im Nikolauskloster in Jüchen-Damm empfangen (von links nach rechts) Brigitte Tillmann, Monika und Wilma Brass, Marie-Theres Sandkaul und Rita Lenzen aus der Hand von Pater Mehren zum ersten Mal die heilige Kommunion. Die weißen Kleidchen endeten über dem Knie, die Mädchen trugen Handschuhe, Haarkränze und (meistens) schwarze Lackschuhe.

▲ Und hier kommen die Herren: Die Füße ziert ebenfalls schwarzes Schuhwerk, darüber tragen die Jungen die vermutlich ersten längeren Hosen ihres Lebens, und den Hals schmückt eine Fliege. Neusser Erstkommunikanten des Jahres 1963, darunter Norbert Häming (Dritter von links), auf dem Weg von der Weißenberger Knabenschule zur Pfarrkirche St. Josef. Rechts mit Schirm ist Lehrer Arf zu sehen.

▲ Verliebt, verlobt, noch nicht verheiratet. Ihre Verlobung geben Wilma Theisgen und Eddy Conrads ganz klassisch am Weihnachtstag 1967 bekannt. Die Mutter der künftigen Braut, Friedchen Theisgen, wirkt ganz vergnügt und so, als sei sie mit der Wahl ihrer Tochter durchaus einverstanden.

D
GV
DK 30

◄► Eine lange Verlobungszeit – nichts für Elke und Alfred Dönni. Denn Elkes Eltern wollten von einer Heirat der beiden nichts wissen: Zu jung sei sie mit gerade 17 Jahren. Das fanden die Verliebten nicht – und machten sich bei Nacht und Nebel (und selbstverständlich ohne Einwilligung der Brauteltern) mit ihrer Vespa auf ins schottische Gretna Green, dem Mekka für Heiratswillige. Denn in ganz Schottland konnten Liebende bereits mit 16 Jahren den Bund fürs Leben eingehen. Drei Wochen campierten die beiden Neusser 1960 in dem kleinen Grenzort. So lange währte die Frist, die Ehe-Aspiranten in Schottland zu verbringen hatten. Enttäuscht war das Paar zwar, dass in der berühmten Schmiede des Städtchens, in der im Laufe von 200 Jahren Zehntausende junger Liebender ohne Erlaubnis ihrer Eltern getraut wurden, bereits seit 1940 keine Eheschließungen mehr vorgenommen wurden, aber schließlich erhielten sie doch noch die erstrebte Urkunde – im Standesamt. „In Deutschland hätten wir ohne Trauschein nicht mal eine Wohnung bekommen", macht Alfred Dönni die Moralvorstellungen von 1960 deutlich.

▲ Weniger dramatisch war die standesamtliche Trauung von Regine Hohlmann und Helmut Hickstein am 17. Februar 1967 im Neusser Rathaus. „Das Vorzimmer des Neusser Standesamtes entfaltet seinen ganzen Charme", kommentiert Michael Hohlmann ironisch das „romantische" Ambiente mit gefliester Zimmerecke und Waschbecken. Von links: Helmuts Oma Eva Vander, Braut-Schwester Petra und Mutter Maria, Margarete und Helmut Hickstein senior, Michael Hohlmann als „Bräutigam-Platzhalter", Schwester Ika und die Braut Regine sowie deren Vater Wilhelm Hohlmann in feierlicher Erwartung.

◄ Weinbrand, Obstlikör und Kräuterschnaps, dazwischen noch einige Flaschen Bier und Rauchwaren – die Menschen wussten auch vor mehr als 40 Jahren schon zu feiern. „Viel hat sich getan seitdem, heute ist alles modern und fortschrittlich, aber keiner hat mehr Zeit", findet Helene Klever, die das Foto von der ungezwungenen Familienfeier im Juni 1960 in Grevenbroich-Gindorf heraussuchte. Anlass war die Hochzeit ihrer Schwiegereltern Hubertine und Heinrich Klever. Für den Witwer war es die zweite Heirat. „Früher war alles einfach", sagt Helene Klever, „beim Feiern standen die Flaschen und Zigarrenkisten auf dem Tisch."

◄ „Die Hochzeit einer Altgräfin von Schloss Dyck im Nikolauskloster war für das Dycker Ländchen immer ein ganz besonderes Ereignis", schrieb Hildegard Sandkaulen zu diesem Foto, das den Herzog und die Herzogin von Ratibor am Tag ihrer kirchlichen Trauung am 2. Oktober 1962 beim Verlassen der Kirche zeigt.

◀ Die größte Aufregung ist vorüber, das Jawort gesprochen – jetzt darf gefeiert werden. Doch Braut Brigitte Sebastian geht bei einem Tanzspiel an ihrem Hochzeitstag im Jahr 1960 leider leer aus. Da sie keinen Partner erwischt hat, bleibt ihr nur eines: Sie muss mit dem Besen tanzen. Der gelungene Schnappschuss war kurz nach der Feierlichkeit wochenlang im Schaufenster eines Neusser Fotografen ausgestellt.

◀ Endlich hat die Puppe ein Bettchen: Das Christkind hat der sechsjährigen Beate Dembski und ihrer vierjährigen Schwester Petra 1968 in Deelen eine Puppenwiege gebracht. Beschert wurde damals am Morgen des ersten Weihnachtstages, anschließend ging es zur Kirche. Im zeitgenössischen Wohnzimmerschrank rechts der unvermeidliche Bowle-Topf.

▲ Da strahlt Heike Dönni, noch keine zwei Jahre alt, am Weihnachtsfest 1963 mit dem Baum um die Wette. Ob das Christkind ihr, Cousine Petra und Vetter Ingo bei den Großeltern Agnes und Gustav Schmitz das Gewünschte gebracht hat? Die venezianische Gondel auf dem Schwarz-Weiß-Fernseher mit Drehknopf ist ein Urlaubs-Mitbringsel – in den 60er Jahren Prestige-Objekt statt Kitsch.

◀ Lustig geht es in dieser Runde zu. Man wohnt beengt und rückt auch beim Feiern zusammen, wie dieses Bild von Martha Peukert zeigt. Im Hintergrund zu erkennen: der „Spülstein" aus Steingut und das kleine Wandschränkchen, unter dem – hinter einem Vorhang – die Küchentücher aufgehängt waren.

▲ „Reinholds Namenstag" hat Mariele Ohmen auf der Rückseite dieses Schnappschusses notiert. Die deftigen Bierhappen auf dem Tisch dürften als Grundlage für den Gerstensaft bestens geeignet sein, die anwesenden Herren vom Neusser Grenadierzug „Mer fenge net hem" scheint ein kleineres Zwischentief erwischt zu haben. Die Damen jedenfalls halten sich für die vorgerückte Stunde bewundernswert.

▲ Goldhochzeit – eine Gnade. Besonders in den 60er Jahren, wo die Lebenserwartung längst nicht so hoch war wie heute und zahlreiche Kriegswitwen allein alt werden mussten. Das Ehepaar Jülich konnte jedoch 1961 in Meerbusch sein Ehe-Jubiläum feiern. „Damals war es üblich, dass Kinder aus der Nachbarschaft, vornehmlich Kommunionkinder, das Goldhochzeitspaar mit einer gebundenen Tannengirlande in die Kirche begleiteten", berichtet die 90-jährige Elisabeth Hagemus. Ihr Foto zeigt von links nach rechts Gertrud Hagemus, Marianne Brandenberg, Sibille Bodenwein und Elisabeth Bahners. Nicht überliefert ist der Name des niedlichen Blumenkindes, das wohl zur Familie der Jubilare gehörte.

Weitere Bücher aus dem Wartberg Verlag für Ihre Region

Unsere 50er Jahre im Kreis Neuss – Lebensgefühl einer Generation
Susanne Niemöhlmann
Großformat, 64 Seiten, gebunden,
zahlreiche S/w-Fotos
(ISBN 3-8313-1058-0)

Bombenkrieg über Düsseldorf
Olaf Steinacker
Großformat, 64 Seiten, gebunden,
zahlreiche S/w-Fotos
(ISBN 3-8313-1329-6)

Hurra, wir leben noch! Düsseldorf nach 1945
Jasmine de Angelis
Großformat, 64 Seiten, gebunden,
zahlreiche S/w- Fotos
(ISBN 3-8313-1278-8)

Rundflug über das alte Düsseldorf
Clemens von Looz-Corswarem
Großformat, 64 Seiten, gebunden,
zahlreiche S/w-Fotos
(ISBN 3-86134-853-5)

Unsere 50er Jahre in Köln
Felicitas Rummel und Stefan Volberg
Großformat, 64 Seiten, gebunden,
zahlreiche S/w-Fotos
(ISBN 3-8313-1130-7)

Die Nacht in der Krefeld unterging – 22. Juni 1943
Elisabeth Kremers
Großformat, 64 Seiten, gebunden,
zahlreiche S/w-Fotos
(ISBN 3-8313-1339-3)

Düsseldorf – Ereignisreiche Zeiten – Die 60er Jahre
Jasmine de Angelis
72 Seiten, gebunden,
zahlreiche S/w-Fotos
(ISBN 3-8313-1116-1)

Köln-Porz
Fotografien von gestern und heute
Walter K. Schulz
72 Seiten, gebunden,
zahlreiche S/w-Fotos
(ISBN 3-8313-1154-4)

Geheimnisvolles Köln
Frank Schwalm und Frank Dicks
48 Seiten, gebunden,
zahlreiche Farbfotos
(ISBN 3-8313-1129-3)

Wartberg Verlag GmbH & Co. KG
Bücher für Deutschlands Städte und Regionen
Im Wiesental 1 · 34281 Gudensberg-Gleichen · Telefon (0 56 03) 9 30 50 · Fax (0 56 03) 30 83
www.wartberg-verlag.de